AF224427

37 Conserver la couverture   4640,a

JOURNAL

DU

VOYAGE D'UN AMBASSADEUR ANGLAIS

A BORDEAUX, EN 1442.

TRADUIT ET ACCOMPAGNÉ DE QUELQUES ÉCLAIRCISSEMENS

PAR M. G. B.

Ce JOURNAL a paru en feuilletons dans l'*Indicateur* ; il n'en a été
tiré à part qu'un très-petit nombre d'exemplaires.

A PARIS,

TÉCHENER, PLACE DU LOUVRE,
COLOMB DE BASTINES, QUAI MALAQUAIS.

1842.

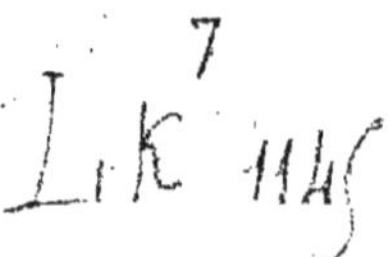
Lik 1145

JOURNAL

DU

VOYAGE D'UN AMBASSADEUR ANGLAIS

A BORDEAUX, EN 1442.

Nous allons publier un document du plus haut intérêt. Il se rapporte à la période la plus importante et la moins connue des annales de l'Aquitaine, au moment où la domination anglaise allait être détruite. On sait combien il est parvenu peu de détails sur les événemens dont notre province fut alors le théâtre. Dom Devienne, dans sa maigre *Histoire de Bordeaux*, a pris le parti de sauter brusquement de 1422 à 1450, sans consacrer un seul mot à tout ce qui advint durant ces vingt-huit années.

Le journal dont nous offrons une traduction est encore ignoré en France ; il a été imprimé en anglais, à Londres, en 1828, par les soins d'un savant distingué auquel les études historiques doivent beaucoup, Nicholas Harris Nicolas ; cette édition, tirée à petit nombre, et d'un prix assez élevé, n'est guère sortie de la Grande-Bretagne ; elle avait été donnée sur un manuscrit écrit partie en latin, partie en anglais ou en français, et qui se conserve à Oxford, dans l'*Ashmolean Museum*, n.º 789.

Henry VI, roi d'Angleterre, avait atteint, en 1442, sa vingt-unième année ; ses ministres songèrent à le marier à une des filles du comte d'Armagnac ; ces seigneurs étaient alors puissans et en querelle ouverte avec le roi de France Charles VII ; les fortes têtes du cabinet de Windsor pensèrent que cette union procurerait à l'Angleterre une alliée capable de l'aider à retenir sous ses lois les provinces qu'elle possédait depuis trois siècles et demi dans le midi de la France, et qui étaient au moment de lui échapper. La mission était délicate ; elle fut confiée à Thomas Beckington, évêque de Bath, l'un des politiques les plus éminens, l'un des personnages les plus élevés de la Grande-Bretagne, à cette époque. On verra plus tard quel fut le résultat de cette négociation qui a échappé à la plupart des historiens ; Rapin, Hume, Lingart lui consacrent à peine deux lignes, et dans ces deux lignes il y a de nombreuses inexactitudes.

Le prélat ambassadeur avait, parmi les personnes de sa suite, un chapelain qui a tenu registre jour par jour de tout ce que son patron avait fait, s'attachant surtout à noter, avec un soin particulier, tout ce qui a rapport aux repas. La naïveté de quelques détails fera sourire : on y trouvera de piquantes révélations sur les habitudes du moyen-âge ; des renseignemens.

bien curieux pour nous, sur ce qu'était Bordeaux au milieu du 15.me siècle, et sur les chances de la guerre qui désolait la Guienne. Sans doute, nous voudrions trouver dans les éphémérides du bon chapelain, une foule de choses qui combleraient de joie nos antiquaires et qu'il n'a pas dites ; mais lorsqu'il écrivait, il songeait si peu à la postérité !

Nous avons fidèlement traduit : les répétitions, les lacunes, les passages obscurs ne doivent pas nous être imputés. Lorsque nous serons arrivés au terme de notre version, nous y joindrons quelques renseignemens destinés à suppléer à ce que ce journal ne dit pas, et à éclaircir ce qu'il dit.

Juin V. L'an de notre seigneur 1442, le mardi, cinquième jour de juin, son excellence monseigneur Thomas Bekynton, secrétaire du roi notre sire Henry VI, vint de Windsor à Henley-sur-Tamise, où il soupa et passa la nuit. Il avait avec lui maître William Say, maître Ralph Leyg, officier de la maison du roi, et Thomas Leyg. Le matin, à la seconde heure, Thomas Daniel vint trouver monseigneur le secrétaire pour affaires du roi.

VI. Mercredi, mon seigneur alla à cheval jusqu'à Sutton.

VII. Jeudi, dîné à Abingdon avec l'abbé qui était évêque de Salisbury, soupé à Sutton.

VIII. IX. Vendredi, à Sutton ; samedi, dîné à Sutton, couché à Bedwin.

X. Dimanche, à Bedwin ; John Water vint pour affaires du roi.

XI. Au même endroit; John prêta serment.

XII. A Devizes ; monseigneur s'entretint avec le lord de Hungerford, il soupa et coucha chez le maire de la ville. Ralph Leng et John Water retournèrent près du roi a Bedwin.

XIII. Dîné à Beckington ; lord Hungerford envoya deux grands flacons de vin. Soupé à Wills.

XIV. Dîné au même endroit avec J. Bernard. Dans l'après-midi monseigneur but avec le chantre, et fut installé dans le chœur pour sa prébende ; il soupa à Glastonbury, avec l'abbé, qui prêta à monseigneur un cheval.

XV. Dîné au même endroit, couché à Taunton.

XVI. Dîné à Enmore avec Edward Hull ; sa seigneurie eut avec lui une conférence sur l'état de la Guienne. Avec lui étaient W. Say, J. Blageney et J. Say, et un domestique pour leurs chevaux ; tout le reste à Taunton où sa seigneurie coucha.

XVII. Passé la journée au même endroit ; couché à Tiverton.

XVIII. Au château du comte de Devon où monseigneur dîna ; après dîner il se rendit à un des manoirs du comte, nommé Comb John ; ensuite il but sur la route d'Exeter, où il soupa et passa la nuit.

XIX. Au même endroit, dîné avec maître J. Colgorn, le doyen.

XX. Avec maître John Snetesham ; monseigneur dîna avec le chancelier.

XXI. A l'auberge. Aujourd'hui, il fut envoyé de Tiverton un chevreuil à monseigneur.

XXII. Au même endroit, dîné avec le frère Curteys.

XXIII. Au même endroit, dîné avec maître W. Browning, le prébendier. W. Say et Th. Chamberlain furent de retour aujourd'hui.

XXIV. Fête de la nativité de Saint-Jean-Baptiste. Sir Robert Roos vint le matin ; monseigneur dîna avec J. Stevens et soupa avec Richard Merton.

XXV. Au même endroit, dîné avec sir Richard Hillier, l'inspecteur; soupé avec J. Wadham, shériff du comté de Devon. Après souper, Roos se rendit à cheval à Powderham et passa la nuit chez sir Philippe Courtenay.

XXVI. Déjeuné avec ledit Courtenay, dîné à Chudleigh avec l'évêque d'Exeter, soupé à Ashburton, où John fut congédié avec Alice ; Thomas tomba malade ; il rejoignit plus tard à Plymouth.

XXVII. Diné à Plymton, avec le prieur , soupé à Plymouth, chez Thomas Hill, aubergiste.

XXVIII. Au même endroit.

XXIX. Au même endroit : M. Adrien vint et nous donna une pièce de vin blanc , et N. Huse partit à deux heures du soir, avec divers articles pour aller trouver le roi.

XXX Au même endroit.

Juillet. I. II. III. Au même endroit. Le prieur de Plympton envoya un saumon et deux ou trois poulets. (Le manuscrit porte I salm. et gall'ij iij.)

IV. V. A Plympton , chez le prieur.

VI à IX. A Plymouth. L'évêque reçut une lettre du roi qui lui prescrivait de faire faire deux portraits bien fidèles de chacune des trois filles du comte d'Armagnac ,'en indiquant leur taille, la couleur de la peau et tous les traits : un de ces portraits devait être sans délai envoyé à Sa Majesté.

X. A six heures du soir, embarqué à bord de la *Catherine*, navire de Bayonne.

XI. XII. XIII. A la mer; un poisson que nous crûmes un requin , poursuivit le navire ; atteint de deux coups de harpon , il ne nous quittait pas; le capitaine le perça enfin avec le harpon. Pour obtenir un vent favorable , monseigneur fit un vœu à Notre-Dame d'Eton; le reste de l'équipage en fit autant : on chanta l'antienne *sancta Maria;* aussitôt le vent tourna au nord et ne cessa de souffler de ce côté.

XIV. Au soir, le navire entra dans la Garonne. Il vint à bord un détachement de soldats du château de Royan, à l'embouchure de la rivière ; l'on nous apprit que le sénéchal de Bordeaux était fait prisonnier. (Il était tombé, avec la ville de St-Sever, au pouvoir des Français.

XV. Le capitaine du château de Castillon vint à bord le matin et nous confirma la capture du sénéchal. Vers deux heures, Nicolas Dryver, prévôt de Bordeaux, passa près de nous dans un petit navire se rendant en Angleterre.

XVI. A une heure après midi, sa seigneurie, R. Roos et tous leurs domestiques débarquèrent à Bordeaux, et déjeunèrent chez sir Robert Clyfton , connétable du château, et soupèrent à l'auberge.

XVII. Au logis d'puis le matin et reçu les seigneurs du pays; diné avec Gaïlard Short-Hose; soupé avec le maire de la ville.

XVIII. A l'église St-André; l'archevêque fit connaître au peuple, dans la langue du pays, le contenu des lettres du roi qui avaient été montrées aux seigneurs dans le conseil la veille. Dîné à l'auberge.

XXII. Dîné chez l'archevêque.

XXIII. Diné avec l'évêque de Bazas; il donna à Monseigneur une pièce de vin blanc.

XXV. Diné chez Bernard Angevin. L'archevêque s'embarqua à trois heures du soir. La veille, Monseigneur avait, avant dîner , assisté au conseil, et avait fait à cheval le tour de la ville, inspectant les travaux des nouvelles fortifications.

(L'ambassadeur écrivit ce jour-là au roi ; il lui peignit la position de la Guienne : elle était critique ; Charles VII et le dauphin étaient en personne à la tête d'une forte armée , occupés à faire les siéges de Bayonne et de Dax. Saint-Sever avait été pris d'assaut ; les troupes françaises étaient à une journée et demie de Bordeaux , qu'elles pressaient à la fois du côté des Landes et du côté de la Dordogne ; les partisans de la domination anglaise étaient consternés.)

XXVIII. Soupé chez le chantre de l'église de Saint-André.

XXX. Dîné chez le doyen de Saint-Jacques.

Août I , vers deux heures après minuit, 130 Français , arrivant de Royan dans six gabares , débarquèrent à Bordeaux et capturèrent un gros navire sans éprouver de résistance , quoique beaucoup de gens les eussent vus. En se retirant , ils prirent encore un petit bâtiment chargé de vin et de blé, mais , du côté de Blaye , T. Scot , avec des gens du pays , leur donna la chasse , et les deux navires furent repris. Il y eut de chaque côté une vingtaine de morts.

X. Une lettre fut envoyée au roi et remise à un vieux pélerin ; elle était écrite sur un morceau de parchemin, et elle fut cousue dans la robe du messager. (Le but de cette lettre était de réclamer de prompts secours. Les Français menaçaient de plus en plus Bordeaux, où il y avait division.)

XII. Dîné avec le clerc de la ville (*Clericus ville.*)

XIII. Monseigneur alla à cheval à la tour St-Thomas, et le long des murailles, et il rencontra le captal à la Roperie.

XIV. Le captal, R. Roos, sa seigneurie et les autres conférèrent ensemble dans l'église St-Pierre. B. Angevin donna à sa seigneurie 12 oies, 12 chapons, 30 poulets; Blake donna 9 pigeons et Bernard de Groos, 2.

XV. Monseigneur alla avec le captal à l'auberge de M. Roos, où il dîna. Après midi, au château, M. Roos fut élu régent.

XIX. A dîner, M. Roos, le régent et les autres , et M. Guillautine, auquel le régent envoya quelque vin nouveau appelé le Must. Le régent passa en revue les bourgeois armés. Il y avait deux cents hommes d'armes munis de lances , et beaucoup d'autres armés pour la défense de la ville sur les murailles et dans les tours, avec des canons et autres objets nécessaires.

XXI. Dîné avec Guillautine.

XXV. Dîné avec Tirell et Savage. Le captal passa en revue 70 lances.

XXXI. Le régent s'embarqua à midi pour St-Macaire.

II septembre, dîné avec A. de Garros, soupé avec Janecot de Lahet et le contrôleur.

IV. Après avoir entendu la messe, Monseigneur alla entre deux mars (mers), à la campagne de la dame son hôtesse, et il fit le tour du coteau et du bois de cyprès appelé Cenon, qui appartient au roi. Soupé avec le connétable.

VI. Après dîner, Monseigneur alla à Lormont, à la chapelle Ste-Catherine, et s'y arrêta à l'hermitage.

XVIII. Après dîner, Monseigneur alla à cheval avec le contrôleur à Saint-Seurin, et ils virent le procédé de faire le vin. Ils burent et se rendirent au bordeu de St-André et à la chapelle St-Denis , où ils burent aussi.

XXI. Dîné avec le contrôleur au château, avec le prieur de Saint-Martin , entre lequel et le frère Bernard, il y eut une grande querelle.

XXV. Monseigneur fut voir le connétable, qui était très-malade, qu'il engagea à faire son testament, et qui mourut vers quatre heures. Monseigneur dîna et soupa au logis.

Septembre XXVI. Le soir, au château, pour le service funèbre du connétable, qui eut lieu de la manière suivante : d'abord *pater noster*; ensuite l'invitation : *Regem cui omnia vocant, venite, adoremus, venite,* avec les versets ordinaires : *Gloria patri, Regem eternum.* Enfin, trois pseaumes, trois leçons avec les respons et versets et avec la prière : *Inclina et non plus.*

Le connétable avait emprunté de l'argent à Bernard de Garos, au mois de mai dernier , et il avait fait un engagement de payer la somme audit Bernard, à la Saint-Michel. Cependant Bernard fit excommunier le connétable pour non paiement de cette somme , trois jours avant la fête pour laquelle elle était due.

XXVIII. Au couvent des Carmes : le connétable fut enterré dans leur église ; on célébra pour lui la messe. Tous les effets du connétable furent saisis pour le roi. Huse avec ses compagnons et cinq domestiques de Monseigneur , alla jusqu'à La Réole , que le prétendu roi de France , le Dauphin et d'autres nobles assiègent depuis long-temps.

XXX. Dîné avec le régent.

Octobre II. Dîné au logis avec le régent. Après dîné, le captal, le vicomte de Longueville et sir Lowez de Spoy vinrent et informèrent le régent, en présence de Monseigneur, que lorsque Gaillard Shorthose , maire de Bordeau x, reçut la lettre que le régent lui avait envoyée sous le sceau du sénéchal de Bordeaux , pour secourir la ville de Bergerac , il la lut et donna un coup de pied à son étrier , en disant devant tous les assistans , qu'il s'en souciait comme de ça (*he cared no more for it than he did for that.*)

(*Nota.* La *Collection Bréquigny* , tome XXIX, contient des lettres patentes d'Henry VI, du 29 février 1433 , qui nomment G. Shurtoise (Shorthose) , maire de Bordeaux. Le nom de ce personnage indique assez son origine anglaise , et il paraît qu'il ne perdit point la faveur du gouvernement britannique, car le 20 juin 1444, le roi d'Angleterre lui donna la terre de Biron , et nous le retrouvons décoré du titre de *Knight* (titre que rend très-imparfaitement le mot de chevalier), dans un acte daté de janvier 1446 , et inséré dans les *Fœdera* de Rymer, t. XI, p. 115. Nous trouvons aussi que, le 2 mai 1431 , il avait été nommé capitaine de Bergerac ; le 5 février 1435 , il fut nommé , et le 5 avril confirmé seigneur de Génissac ; il signa la capitulation avec Charles VII.)

IV. Après dîner , Monseigneur alla chez le régent ; en revenant , il rencontra le maire à la porte du régent. Un peu après , il rencontra le captal , le doyen de Saint-André , Bernard de Montferrand , le greffier de la ville et autres. Le captal pria Monseigneur de retourner chez le régent , afin d'assister au conseil; il répondit qu'il n'y avait pas de conseil qui prît à cœur les intérêts du roi , et il retourna au logis. Cet après-midi , le doyen de Saint-André dit en plein conseil que si l'ennemi arrivait jusqu'à Bordeaux , il ne restait qu'à se soumettre au plus fort. On reçut de La Réole des lettres de Huse et de ses compagnons.

VI. Monseigneur , d'accord avec le régent , envoya une lettre et quelques approvisionnemens de guerre à La Réole , avec un moine pour entendre les confessions des Anglais qui ne parloient ni le français ni le gascon, et un chirurgien pour soigner les blessés.

VII. Le régent se rendit à cheval avec beaucoup de peine, car il est accablé d'infirmités , à Saint-Eloi; il persuada aux jurats et aux autres principales personnes de la ville d'envoyer des hommes d'armes à La Réole. En conséquence , ils firent partir , le soir, trente hommes d'armes et des archers , et dix hommes d'armes et des archers de Saint-Macaire. Le régent dîna avec Monseigneur , le prieur de Marmande , Louis Despoy, Tirel et le contrôleur. Monseigneur envoya une lettre aux capitaines et aux braves soldats formant la garnison de la tour de Saint-Thomas , à La Réole.

VIII. Dîné avec N. Gremond ; soupé au logis avec le prieur de Marmande. La Réole fut prise d'assaut par les Français.

IX. A dîner , le prieur de Marmande et neuf domestiques du connétable.

XV. Dîné avec le régent:

XVII. Monseigneur écrivit au roi ; Pikbourn s'embarqua à sept heures du soir avec la lettre.

(Dans cette dépêche, l'évêque mandait à Henry qu'après avoir pris Marmande, le roi de France y était resté trois semaines avec très-peu de troupes; de sorte que s'il y avait eu dans la Guienne quelques forces anglaises , on aurait pu le battre aisément. Ayant reçu des renforts, le roi de France avait attaqué et pris la ville et le château de Mavesin, et le 3 octobre il avait mis le siége devant La Réole, qu'il avait pris d'assaut au bout de sept jours, y faisant un grand carnage. Le château tenait encore. L'intention des Français était ensuite d'attaquer Saint-Macaire, Cadillac et Rions; s'il n'arrivait pas de prompts et d'efficaces secours, tout était perdu. L'évêque finissait en donnant la liste des villes que les Français venaient de conquérir. Avant son arrivée, ils s'étaient rendus maîtres de Clairac; depuis, ils avaient occupé Tonneins, Foylet, Caumont, Saint-Barthélemy, Gortault, Sainte-Bazeille, Couturez, Marceriz, Millan, Malvesin, Langon, Losseun, Tombabut, les châteaux d'Aymet, Clermont, Bonneville, Moncla, Montescart, Sursac, Cursonne, Masduran, Tewbount, Saint-Durdoine-sur-Pris, le Sauvetat de Belver.

(*Nota.* Nous copions cette liste sur le texte anglais. Tous ces endroits, parmi lesquels il en est à présent de bien insignifians, et dont les fortifications ont disparu, se retrouvent le long de la Garonne.)

XXI. Les navires arrivèrent aujourd'hui.

XXII. A dîner, J. Tregoran, qui apporta des lettres d'Angleterre. Edouard Hull arriva le soir, ainsi que le docteur de l'archevêque de Bordeaux ; on reçut une lettre du roi (dans cette lettre, Henry donnait avis qu'il envoyait son cousin de Sommerset avec des forces considérables.)

(*Nota.* Le comte de Sommerset élevé à la dignité de duc, en 1443, fut nommé capitaine-général de l'Aquitaine, par lettres patentes d'Henry VI, du 14 juin 1443 (*Collection Bréquigny*, t. XXIV.) Il ne remplit pas long-temps cet emploi, car il mourut le 27 mai 1444.)

XXIII. Diné au logis avec le régent et Hull. Soupé au château avec Hull, qui loge dans la chambre de Chipman, commis du château.

XXVI. Le régent, Hull, le captal, son fils, Bernard Monferrant, Lonis Despoir, sir Guilamtim et un millier de personnes de Bordeaux et lieux voisins, avec 400 hommes des navires anglais allèrent jusqu'à la ville de Saint Lupe (Saint-Loubès), où les Français parcouraient le pays à pied et à cheval, et les forcèrent à se retirer; durant plusieurs jours, les femmes du pays continuèrent de prendre des Français et de les amener prisonniers.

XXX. Monseigneur alla au conseil qui se tint chez le doyen de Saint-André ; le canon des ennemis fut brisé aujourd'hui à la Réole.

Novembre I. Diné au logis avec J. Tregoran et Rokley.

IV. Au château pour le conseil ; les seigneurs, les barons et les autres accordèrent certains hommes d'armes et archers pour secourir le château de La Réole.

V. On apprit le matin que les gens de Saint-Macaire avaient, la veille au soir, pris trois bateaux venant d'Agen pour rejoindre les troupes françaises à La Réole, et chargés de 20 futailles de pain avec sept hommes, dont trois furent tués.

VI. Diné chez le régent. Il y eut aujourd'hui une grande contestation entre e régent et le doyen de Saint-André.

VII. A dîner, le régent et Hervey, marchand de vin à Londres, qui apporta une lettre.

VIII. D. de Conak vint avec Rokley et avec le capitaine et le trésorier (*bursarius*) du navire le *Chirchisship*.

X. Vers neuf heures, le régent et Hull, avec 300 hommes d'armes et autant d'archers, partirent pour Langon.

XII. Diné avec Etienne de Brosses. La ville de Langon fut prise aujourd'hui ; Monseigneur écrivit au régent et à Hall une lettre pour faire l'application du sens du verset : *Pacem tractabant et fraudes intùs arabant.*.

XIII. Chipman à dîner et à souper.

XV. On reçut des lettres de La Réole, touchant la mort de J. Poyntour.

XVII. Monseigneur alla le matin avec Etienne de Brosses, en bateau, autour de tous les navires, et il ordonna à tous les capitaines de se rendre au château à une heure. Ils y vinrent à l'exception de deux ou trois. Monseigneur conféra patiemment avec eux, au sujet des renforts, et, en conséquence , à une heure de la nuit , il partit trois bateaux pleins d'hommes armés.

XVIII. Le sommelier (*pincerna*) de l'évêque d'Exeter vint.

XX. Monseigneur fit prévenir le régent à Saint-Macaire, afin que ses domestiques se tinssent hors du château de La Réole.

XXIV. Le régent revint le soir de Saint-Macaire.

XXIX. Au conseil , à deux heures après midi.

XXX. Monseigneur alla à Saint-André avec les seigneurs du conseil. Le sire de Conak partit de grand matin avec 300 hommes d'armes pour Sainte-Foy.

Décembre II. Le sénéchal du Captal fut enterré aux Carmes; Monseigneur y alla à la messe. Il arriva quatre navires de Hull.

IV. Monseigneur alla voir l'évêque de Bazas; il soupa avec le Sire de Conak et Rokley.

VI. L'archevêque de Bordeaux arriva dans la soirée.

VII. Le château de La Réole se rendit , ainsi que la ville de Monségur.

VIII. Swillington arriva de La Réole avec les autres de la suite de Monseigneur , excepté Paynter , tué par une couleuvrine.

IX. Dans l'après-midi , Monseigneur visita le navire l'*Hélène* , de Londres. (Sur lequel il s'embarqua plus tard , ce qui prouve que déjà son départ était résolu.)

X. Monseigneur soupa avec le régent , Hull , Rokley , Savage et autres.

XI. Le sire de Conak dîna avec Monseigneur. Au milieu du dîner , il prit congé et partit pour se rendre à Conak. Mortimer fut avec lui avec six chevaux de Monseigneur. Le château de Dort fut pris.

XVI. Dîné avec Bernard Angevin.

XIX. Dîné avec le régent.

XXI. Fête de Saint-Thomas. Dîné avec le régent , Hull , Swillington , Tirel et Savage.

XXV. Jour de Noël. Le provincial des Carmes et le prieur de Marmande vinrent trouver Monseigneur. A souper , J. Skotte.

XXVII. Dîné avec le prévot de Saint-Seurin.

XXIX. Le bailli de Lesparre vint trouver Monseigneur.

XXX. A dîner , Strangwys , N. Elis et ses trois autres domestiques , et le père Hugues. Le soir, Etin , Robert Savage et Robert , domestiques de Monseigneur , apportèrent des gauffres et des pommes.

XXXI. Monseigneur et Hull allèrent avant midi à Saint-André , et rendirent visite à l'archevêque. Monseigneur soupa avec Hull , et , après souper, ils furent chez le régent , et ils virent là le Réveillon (*le revell*).

Janvier I. Dîné au logis avec Hull , B. de Garos et le provincial. A souper le bailli de Lesparre. Le régent donna à Mgr pour étrennes (*deux mots indéchiffrables dans le manuscrit*); Hull donna deux petits pots de gingenbre vert. Mgr donna à chacun un chapeau écarlate. B. de Garos donna à Mgr du piment et des gauffres. La femme de Richard Géhris donna des pommes, et la dame de l'auberge donna un citron fixé sur une baguette de laurier avec un petit livre au milieu. (Ce passage assez obscur est ainsi dans le texte: « *Domina de hospicio dedit lemog. fix. in una virgula de lorey cum libello in medio.* »

III. A dîner, l'évêque de Bazas, le seigneur de Rosan et autres.

V. Tous les objets furent apportés à bord du navire l'*Hélène* , de Londres.

VI. Dîné avec le captal.

VII. Dîné avec le vicomte de Longueville.

VIII. Dîné avec le contrôleur.

IX. Soupé avec le régen. Hull fut nommé connétable du château de Bordeaux.

BIBLIOTHÈQUE

X. Le captal, son fils le vicomte, et l'évêque de Bazas vinrent prendre congé de monseigneur. Après dîner, monseigneur fut chez le régent ; il prit congé de lui et de Hull, et se rendit aussitôt à la gabare. Il descendit la rivière et joignit la chaloupe du navire le *Gabriel de Hull*, dont le capitaine et dix-huit matelots reçurent monseigneur en ramant de la meilleure manière. Le soir, ils atteignirent le navire l'*Hélène*, en face du château de Notre-Dame. Le capitaine et les matelots reçurent de monseigneur 20 shellings pour leur salaire, et ils retournèrent à Bordeaux. Th. Est resta dans la gabare toute la nuit, avec le bagage de monseigneur, en face de Blaye.

XI. Monseigneur entendit la messe dans une chapelle de Saint-Etienne, et alla à la ville de Notre-Dame où il dîna. Le soir il retourna à bord : le capitaine du navire la *Trinité*, de Londres, fut élu amiral.

XV. Au matin, les navires allèrent à la rade de Royan.

XVII. On mit à la voile et on entra en mer.

XIX. Vers midi, on entra dans le Raz ; le soir on gagna la rade de Crowdon (à une dizaine de lieues ouest de Quimper) où il y avait onze bâtimens flamands et cinq hollandais, et neuf s'échappèrent qui appartenaient, à ce qu'on dit, à la Bretagne.

XX. Dimanche, monseigneur débarqua avec sa suite, et alla à l'église de Crowdon, où il entendit la messe. Ensuite monseigneur mangea des huîtres à Crowdon. Tous les capitaines de navires dînèrent à bord avec monseigneur. Le soir, monseigneur soupa à Crowdon.

XXI. On mit à la voile à midi.

XXIV. Tous les navires revinrent à Crowdon. Monseigneur fit une promenade dans la campagne et soupa à bord. Nous apprîmes qu'Arthur de Bretagne était fait conseiller de notre ennemi, le soi-disant roi de France et que Gilles, le frère du duc (de Bretagne), était avec lui.

XXXI. Monseigneur soupa à Crowdon avec un marchand.

Février 11. Fête de la Purification. Monseigneur entendit la messe à Crowdon et soupa à bord.

IV. Monseigneur dîna à Crowdon et fit une promenade.

V. On mit à la voile après midi. Ouessant et Bellingier (Belle-Isle), sonde grandes îles. Nous apprîmes d'un Breton qui, huit jours avant, était à Plytmouth, que sir W. Bonvile y était avec 4,000 hommes et 35 navires, et le Breton pensait que ces forces devaient être à Bordeaux même ou du moins bien près.

VIII. Un oiseau vint le soir se percher sur la vergue.

X. Monseigneur arriva vers midi à Falmouth ; il se reposa chez le bailli.

(La suite du journal indique minutieusement chaque endroit où l'on dîne et où l'on soupe, jusqu'au 20 février où, après neuf jours de route, l'évêque rejoignit le roi à Maidenhead ; le 21, il soupa chez le maire de Londres ; le 22, il est dans une auberge à Londres ; le 24, il déjeune dans son auberge et dîne avec le chancelier ; le 25, il rejoint le roi.)

Nous pensons qu'il ne sera pas hors de propos d'ajouter ici, au sujet des personnages qui figurent dans ce journal, une courte notice qui ne sera pas sans utilité pour l'histoire de notre province.

Th. Buckington naquit, vers 1385, de parens obscurs ; il attira l'attention de l'évêque Windham, qui le fit élever, et bientôt, grace à ses talens et à ses vertus, il fit un chemin rapide. Successivement chanoine, archidiacre, docteur, auteur d'un traité sur la loi salique qui passa pour un chef-d'œuvre, chancelier du duc de Gloucester, il fut enfin choisi pour tuteur du jeune roi Henri VI. En février 1432, il fut nommé un des ambassadeurs chargés de négocier la paix avec la France ; *il lui était alloué vingt shellings par jour durant ces négociations.* En 1435, il alla à Arras traiter encore de la paix ; en 1439, il fut de nouveau chargé d'une pareille mission c de l'affaire de la mise en liberté du duc d'Orléans, prisonnier des Anglais depuis une trentaine d'années.

Il avait à peu près cinquante-sept ans lorsqu'il vint à Bordeaux ; du moment qu'il se mit en route, il s'écoula trente-neuf jours jusqu'à ce qu'il entra dans nos murs ; il resta en Guienne cinq mois vingt-six jours, et quarante et un jours après nous avoir quittés, il se retrouva à Londres. Sa traversée, en venant, avait été extrêmement rapide ; à son retour, il fut contrarié par le mauvais temps, chose toute simple, car l'on était au cœur de l'hiver.

Trois ans après, il fut nommé garde du sceau-privé ; promu au siége de Bath, il fut sacré le 13 octobre 1443 ; on trouve des traces de sa présence aux parlemens de 1444, 1447, 1449, 1453 et 1459. Henri VI en 1452, Edouard IV en 1461, le dispensèrent, en raison de son grand âge et de ses infirmités, de se rendre au parlement. Il mourut le 14 janvier 1464 ; il avait alors soixante-dix-neuf ans.

Sir Robert Roos naquit vers 1409 ; en 1440, on trouve son nom parmi ceux des diplomates chargés de négocier la paix avec la France. Le 19 juillet 1443, Henri VI le nomma conservateur de la forêt de Rockingam, et lui accorda un manoir dans le comté de Gloucester, et une rente annuelle pour lui et pour Anne sa femme, réversible au dernier vivant, de 60 liv. sterling, à prendre sur les revenus de la douane de Londres.

Ces récompenses, considérables pour l'époque, démontrent que le roi avait été satisfait de sa conduite dans la Guienne. Presqu'aussitôt, au mois de février 1444, on retrouve Roos à Tours, négociant la paix avec la France, et le mariage d'Henry VI avec Marguerite, fille de René, roi titulaire de Sicile ; au mois de mars 1448, il est chargé de conclure une trève avec la France ; il mourut le 30 décembre de la même année.

Edouard Hull appartenait à une famille honorable du comté de Somerset ; on ignore l'époque de sa naissance ; après le départ de Buckington, il resta à Bordeaux, où il paraît commander les forces anglaises ; on ne saurait dire quand il revint en Angleterre, mais il y était en 1449, et il obtint à diverses reprises des faveurs dela part d'Henry VI. Il accompagna Talbot dans l'expédition entreprise pour reconquérir la Guienne, et il mourut, à côté de ce vieux et brave capitaine, sur le champ de bataille de Castillon, le 13 juillet 1453.

Bernard Angevin, dont il est souvent parlé dans ce journal, était Français et zélé partisan du gouvernement anglais, qui le récompensa en le comblant de faveurs et en lui confiant les places les plus importantes. Il fut nommé, le 26 juillet 1436, un des juges chargés des causes criminelles en Aquitaine (*Fœdera*, tome X, page 631.) En mars 1443, il obtint une concession de terres, et il est désigné comme un des conseillers du roi dans l'Aquitaine ; il fut ennobli ainsi que ses descendans légitimes, et on lui donna les armes suivantes : *de asura cum uno leone ungulato et linguato de goules, ac cum decem floribus per circuitum, vocatis Angevines, de Argento* (Ibid. XI. 81.) Nous avons cru devoir transcrire ce blason des plus honorables, comme l'atteste la présence du lion, très-convenable à un homme élevé par le commerce dont on sème l'écu de pièces d'argent, et offrant d'ailleurs un rébus, circonstance qui n'est pas fort rare dans les armoiries du moyen âge. — Les *Fœdera* (XI. 116.) nomment encore, en 1446, B. Angevin comme député et sénéchal de l'Aquitaine.

J'ai profité d'un trop court séjour à Paris pour rechercher si je ne trouverais pas quelques autres renseignemens relatifs à un des Bordelais les plus éminens il y a 400 ans ; j'ai eu la satisfaction de rencontrer dans la collection Bréquigny, tome XXIV, des pièces qui le concernent.

Le 20 février 1433, Henri VI le nomma un de ses conseillers en Guienne ;

le 21 mars 1438, ce monarque accorde à Angevin, son chancelier de **Guienne**, et à ses hoirs, les châteaux, terres et seigneuries de Ronzan, aux charges et devoirs accoutumés ; le 26 février 1841, mandement d'Henry VI aux habitans de Ronzan et de Pujols d'obéir à B. Angevin comme à leur seigneur ; le 20 mars 1447, confirmation de cette concession ; le 27 juillet 1443, Henry VI concède à notre compatriote les terres qui appartenaient à Jean de Labret dans la ville et juridiction de Saint-Macaire ; le 28 mars 1446, ce monarque le nomma chancelier et garde du grand-sceau en Guienne.

Sir W. Bonvile, dont il est parlé sous la date du 5 février, était un des officiers les plus distingués des troupes anglaises. Un auteur de l'époque parle en ces termes de l'expédition que mentionne notre journal : « En cette année (1442-43), sir W. Bonvile alla à Bordeaux avec 800 bons combattans *VIII. c. of goode fytynge men ;* le chapelain parle d'après un on dit, de 4.000 hommes\, afin de garder la ville jusqu'à ce que l'on pût réunir et y envoyer des forces considérables. (*Chronicle of London,* pag. 132.) » En 1443, Bonvile fut créé sénéchal d'Aquitaine et engagé pour servir avec vingt hommes d'armes et 600 archers dans la guerre contre la France. Il rendit de si bons services, qu'il fut, en 1448, appelé au parlement comme pair du royaume ; Henry VI le choisit en 1450 pour son lieutenant en Aquitaine. Lors des discussions entre les maisons d'York et de Lancastre, il se déclara pour la première ; son parti fut vaincu, et après la seconde bataille de Saint-Alban, en 1461, le vieux général fut décapité sur l'ordre de la veuve d'Henry VI.

L'évêque de Bazas, qui rend des visites à Beckington, qui dîne chez lui, c'est Gaillard II de Latrave ou de Préchac ; il fut élevé à l'évêché de Bazas en 1434 ; en 1446, il fut transféré à Toulouse, où il fut promu au cardinalat.

L'archevêque de Bordeaux était alors Pierre Berland ; élevé à cette haute dignité en 1430, il mourut en 1455. Le *Journal* nous apprend qu'en 1442, il fit un voyage en Angleterre afin d'exposer lui-même au roi combien la situation de la province était critique. Parti vers la fin de juillet, il fut de retour dans les derniers jours d'octobre : c'était alors aller très-vite.

Passons à quelques autres personnages dont les noms se trouvent indiqués dans le cours des éphémérides du bon chapelain. *Etienne de Brosses* était assurément un ecclésiastique ; une lettre de Jean, comte de Foix, datée du 22 juillet 1422 (voir les *Fœdera, X.* 230) nous apprend que *maistre Etienne des Brosses, procureur en Guienne,* était un des diplomates chargés de négocier la paix entre la France et l'Angleterre. J'ai trouvé dans la Collection Bréquigny (tom. XXIV), une quittance signée de ce personnage, et datée du 1.er mars 1447 ; il prend le titre de conseiller du roi en la cour supérieure de Gascogne, et il donne au connétable de Bordeaux (Edouard Hull), quittance d'une année des gages de son office. (*Centum et viginti franc. curran..... per manus Georgii Swillington, ejus locum tenentis.*) Le salaire annuel d'une des places les plus importantes de l'Aquitaine, était donc de cent vingt francs au milieu du 15.e siècle. Une autre quittance pareille, datée du 21 février 1448, est au cabinet des chartes du musée britannique.

Sir Robert Clifton était connétable du château de Bordeaux, lorsque Beckington arriva dans nos murs. Il avait été nommé à cet emploi par lettres patentes d'Henri VI, du 24 mars 1439, à ce que m'a appris une pièce de la Collection de Bréquigny. En 1435, il avait été chargé, conjointement avec Etienne Wilton, docteur ès-lois, de traiter avec l'archevêque de Cologne. (*Fœdera, X.* 626.) Le *Journal* nous apprend qu'il mourut le 28 septembre, et comme il avait, le 4, reçu Beckington à dîner, sa maladie ne fut pas longue. Blomefield (*Essai sur l'Histoire du Comté de Norfolk. 1739-1773, 5 vol.,* tome I.er, p. 255), relate son testament, daté de Bordeaux en 1442. Il s'était marié deux fois, et il laissait une veuve qui, à son tour, convola à de secondes noces, un fils qui mourut en 1453, et deux filles qui se firent religieuses.

Raymond Shernok : Nous avons rencontré , dans la Collection Bréquigny (tome XXIV), des lettres d'Henry VI, qui lui donnent à lui et à ses hoirs , la terre et seigneurie de Cadillac.

Beek, qui n'est nommé qu'une seule fois et sans aucun détail pour s'être trouvé avec Beckington, est certainement Guillaume Bec , au sujet duquel la Collection Bréquigny , que nous citons souvent et moins fréquemment encore que nous ne voudrions, nous a livré deux pièces intéressantes; le 8 mai 1441, Henry VI confirme la nomination de Bec à la charge de juge général des appels en la cour de Gascogne; le 27 decembre 1441, le roi ordonne que la nomination de Bec par le lieutenant du roi en Guienne sera préférée à la nomination postérieure des magistrats de la ville de Bordeaux , en faveur d'Etienne de Brosses.

Sir Louis de Spoy ou *Despoir*, souvent nommé dans le journal , était évidemment un militaire d'un rang élevé. Nous n'avons pu nous procurer aucun renseignement sur son compte.

Sir Thomas Rempston, qui commandait à Saint-Sever lorsque cette ville fut prise par les Français, est nommé dans Monstrelet.

Le vieux chroniqueur raconte que cet officier anglais assiégea et prit Guise en 1424, avec Jean de Luxembourg, et qu'il se rendit ensuite à Paris, où il reçut du régent, duc de Bedford, l'accueil le plus gracieux.

Bernard de Montferant. Peut-être ce prénom est-il là par suite d'une erreur du chapelain ; les *Fœdera*, les rôles du parlement (d'Angleterre), ne font amais mention que d'un Bertrand de Montferrand. Un écrit royal , adressé aux autorités bordelaises, en 1435, indique le fidèle et bien-aimé chevalier *Bertrandus, dominus de Monteferrando et de Laygorano*, comme ayant pétitionné le roi pour obtenir quelque terre qui avait appartenu à son oncle . Bernard de la Bret (*Fœdera*, X. 618) et plus tard on trouve Edouard IV assurant à Pétronille, veuve de Bertrand, seigneur de Mountferant, la possession d'une rente annuelle de 20 livres sterling , à prendre sur les revenus des comtés de Bedford et de Bucks. (*Rot. Parl.*, V. 542 et 608 ; VI. 77.)

Le comte d'Huntingdon : en 1436, il avait été nommé amiral d'Angleterre et d'Aquitaine : par lettres patentes du 27 mars 1439 (*Coll. Bréq.*) Henry VI l'établit son lieutenant-général en Guienne pour six ans. Il ne paraît pas cependant qu'il fût en France à l'époque du séjour de Beckington.

Le Captal, plus d'une fois mentionné, est Gascon de Foix, frère de Jean, comte de Foix. Henry V le nomma comte de Longueville (en Normandie) ; son fils, le vicomte de Longueville que nous voyons conférer avec Beckington et combattre à Saint-Loubez, épousa peu après une nièce du duc de Suffolk ; en 1446, il obtint le comté de Kendal , l'ordre de la Jarretière et des domaines considérables. Cette famille marchait à la tête du parti anglais.

Le comte de Somerset , que Henry VI voulait envoyer en Guienne , n'y arriva qu'après le départ de Beckington ; la *Chronique de Londres* , que nous avons déjà citée , porte (édit. de 1828, 4.°, p. 132), qu'il passa la mer avec X. M., bons soldats, emmenant avec lui un grand train de canons, des échelles d'escalade et beaucoup d'autres objets.

À la suite du journal on trouve une relation de l'affaire de Saint-Loubez et du siége de Dax, dont la traduction ne sera pas déplacée ici. Ce sont des bulletins tels qu'on les faisait au 15.me siècle. On verra peut-être avec surprise qu'on s'entendait alors, presque aussi bien qu'à présent , à ce genre de travail.

« Il est bon qu'on sache comment le 20 octobre , monseigneur le régent, Roos, de la sénéchaussée de Guienne , et messire Hull, allèrent avec leurs troupes et avec les équipages des navires et les Gascons pour chasser les

Français , qui étaient au nombre de 3,000 , à ce qu'on assure, à Saint-Loubez , en Entre-deux-Mers (*at Saint-Lopyes in Sucre dieux mars*, échantillon de la manière dont l'auteur anglais estropie le français). Messire Hull alla à Lormont , et il y resta à attendre le régent qui se donnait beaucoup de peine afin de réunir du monde. Lorsque le régent arriva enfin , les Anglais se mirent en bataille de leur côté et les Gascon du leur; il y avait 400 Anglais et 1,000 Gascons. On envoya en avant Rokly et trois cavaliers bien montés, pour aller en reconnaissance. On suivit jusqu'à ce que l'on fut près de St-Loubez , où l'on se disposa à attaquer ; messire Hull prit le commandement des troupes et marcha à pied à leur tête, et l'on était étonné qu'il pût si bien supporter tant de fatigues et il montra une habileté consommée. En approchant du bourg, il faisait nuit : l'on rencontra les sentinelles , on poussa le cri de bataille « Saint-George d'Angleterre», et deux ou trois sentinelles furent tuées. Nos gens s'avancèrent alors rapidement vers les feux des Français , qui s'enfuirent précipitamment et on les vit se sauver au galop. Les archers y entrèrent du côté du nord et les cavaliers du sud. On se réunit à côté du bourg , à une croix près de l'église , et les bannières y furent plantées et y restèrent toute la nuit. Il était huit heures après quand l'attaque commença , et à dix heures tout était fini. Les Français qui purent s'échapper assurent, à ce que nous avons appris, qu'ils ont perdu plus de 800 hommes et de 1,000 chevaux. Le lendemain matin , le régent et messire Hull retournèrent à Bordeaux avec toutes leurs forces. »

Ce récit est parfait en son genre ; les ennemis sont battus aussitôt que rencontrés. Quoiqu'ils aient à peine essayé de résister , on en a couché une foule sur le carreau, et cette assertion est mise dans la bouche des vaincus : tour d'adresse remarquable. Quant à la perte des vainqueurs, elle est si peu de chose qu'il ne vaut pas la peine d'en parler. On n'en souffle mot. Parmi tous les bulletins impériaux, si pompeux et souvent si mensongers , il n'en est aucun qui, comme savoir faire, soit au dessus de celui-ci.

Passons au siége de Dax. Les détails que l'on va lire sur la reddition de cette ville , sur sa surprise due à l'imprévoyante négligence de la garnison française , sur les cruautés qui accompagnaient ces funestes guerres , ne se trouvent, je crois, aussi étendus dans aucun historien.

« Il faut savoir que lorsque le roi ennemi eut mis avec de grandes forces
» le siège devant Dax, lord Usak et Augerot de Saint-Pierre sortirent diver
» ses fois de la ville, au moyen d'une échelle, pour aller conférer avec lui et
» rentrèrent de la même façon. Et ils allèrent aussi avec les seigneurs de la
» commune traiter avec lui, et il fut convenu que la ville serait remise aux
» Français, que toutes les propriétés seraient saines et sauves, que la gar
» nison pourrait s'en aller en sûreté où elle voudrait, en laissant ses chevaux,
» ses objets d'équipement, ou rester au service du roi ennemi en gardant ses
» chevaux. Ledit lord s'engagea aussi à faire remettre les trois châteaux de
» Bellingnau, de Venseurs et de Castelluan, et il donna son fils en hôtage ,
» et la ville fut remise le vendredi 3 août. Et quand ledit roi ennemi fut
» dans la ville, il fit crier dans quatre endroits qu'il était défendu , sous
» peine de mort, de prendre quoique ce soit aux habitans, et comme il y eut
» des plaintes portées contre quelques pillards, il en fut pendu trois le sa
» medi, sur la place du marché. Et quand le roi entra dans la ville, J. Her
» sange lui offrit les clés du château, se déclara son sujet et prit la croix
» blanche. » (*Nota*. Les Français portaient une croix blanche sur un fond rouge, et les Anglais une croix rouge sur un fond blanc; ces emblèmes servirent, durant plusieurs siècles, à distinguer les guerriers des deux nations.)

Le roi ennemi resta dix jours à Dax ; il nomma , pour gouverneur des Landes et lieutenant du château, Arnaud Guillaume de Bormenham , qui y resta avec trente hommes d'armes jusqu'au vendredi 24 août, jour auquel Pierre-Arnaud de Saint-Cricq arriva avec quelques soldats et se logea secrètement dans une église, à une portée de trait de la porte ; de grand matin il envoya à la porte quatre de ses hommes affublés de croix blanches, et quand la porte leur fut ouverte, ils tuèrent le portier et se mirent à faire un grand bruit. Alors ledit Arnaud, avec ses arbalétriers, se jeta dans la ville et s'en saisit, et tua tous les Français, excepté ceux qui purent se réfugier au château. Et le lendemain, il vint beaucoup de monde de Bayonne et des Landes. Et le lundi, il arriva le seigneur de Gramonde et le vicomte de Hort avec beaucoup de monde, et ils escaladèrent le château : ils prirent le lieutenant et les gentilshommes, et à tous les autres ils coupèrent la tête et jetèrent les cadavres dans la rivière. Et on dit que la rançon du lieutenant est de 40,000 écus (XI. M. escuts. — Il y a sans doute là quelque erreur, tant cette somme est exorbitante). On dit aussi qu'on a trouvé dans la ville ou dans le château, dans des futailles, plus de deux cents armures et les gros canons de l'ennemi. Et l'on garde T. Hersage jusqu'à ce que l'on connaisse la volonté du roi, notre souverain.

Nous ajouterons à ce récit naïf que des lettres-patentes d'Henri VI, du 20 août 1443, donnent à perpétuité à Arnaud de Saint-Criq, gouverneur de Dax (un an après son exploit), l'hôtel de Talenec, situé dans la ville (*Collection Bréquigny*, tome XXIV). Le même volume nous a fourni 1.° de lettres de ce monarque, du 23 mars 1441, qui permettent aux maires, jurats et commune de Dax, de lever pendant dix ans un droit sur le pain, le vin et autres denrées ; 2.° sous la date du 1.er octobre 1450, d'autres lettres-patentes d'Henry VI, qui accordent à vie, à Pierre de Montferand, la garde de la châtellenie et du château de Dax.

Citons ce que dit Monstrelet des opérations militaires que nous venons de raconter :

« A Dax, on assaillit le boulevart, et dura ledit assault bien l'espace de » cinq grosses heures, bien cruel et merveilleux. Et enfin fut conquesté et » prit de vive force le jour faillant. Si y furent morts 10 ou 12 Anglois et des » François y eut plusieurs navrez. » (Le lecteur se serait attendu à ce que ce cruel et merveilleux assaut coûterait plus de monde.)

Selon Monstrelet, le seigneur de Montferrand commandait à Dax, et son fils, livré en hôtage, resta long-temps prisonnier, « parce que ledit sieur ne voulut point rendre les forteresses, ainsi que promis l'avait. »

Berry, dans son journal du roi Charles VII (dont il était roi d'armes), dit que la garnison de Saint-Sever, sous les ordres de Rampston, était de cent hommes d'armes, Gascons ou Anglais, et de 400 archers gascons ; la plupart furent tués. Il ajoute qu'à Dax, le Dauphin (depuis Louis XI) conduisit l'assaut en personne. Commencé le 29 juin, ce siège dura jusque vers le 20 juillet.

A la suite des deux *bulletins* que nous venons de rapporter, on trouve une note qui nous apprend des faits curieux.

« Tonneins se rendit à l'ennemi du roi, sans siége et sans assaut, quoique » le baron Wyf s'y fût renfermé.

» Gramond, Mausin et Melan capitulèrent ; Strangwise, N. Elys et J. de » Puis en étaient les capitaines.

» Le logement de celui qui s'intitule roi de France fut brûlé soudainement » dans la nuit, dans la ville de La Réole, et si les Ecossais n'avaient pas » miné une muraille, il aurait été brûlé ; tous ses effets le furent, tellement » que son épée, dite l'épée de Saint-Louis, fut brûlée en même temps, et » l'on dit qu'il s'échappa en chemise par cette mine (*brèche*). Cela se passa » un samedi, au mois de décembre. »

Le lundi 29 octobre, le grand canon fut brisé à La Réole ; et le mercredi, au soir, les Français commencèrent à tirer le canon, et ils se mirent à battre le château, ne cessant pas jusqu'au dimanche que la messe fut dite. Dans ce temps, ils tirèrent 24 coups, et avec deux machines (*ingynnes*, bombardes), ils lancèrent 22 boulets ; une de ces machines en lançait de 700 pesant et l'autre de 500.

Nota. — Il s'agit, quant aux *Ecossais*, de la première compagnie des gardes-du-corps qu'aient jamais eu les rois de France; ce fut Charles VII qui la composa d'Ecossais d'une bravoure et d'une fidélité éprouvée, choisis parmi ceux que les comtes de Buchan et de Douglas avaient amenés en France pour aider à l'expulsion des Anglais.

On voit que l'artillerie n'avait pas encore fait de grands progrès quoique depuis près de 80 ans (1367 , siège de Meulan) on l'employa à l'attaque des places. Selon la *Chronique de Charles VII*, par Berry (1661 , fol., p. 422), le château de La Réole capitula le 8 décembre; il était commandé par un chevalier anglais , George Soliton , et par un Gascon qu'on appelait le Baron ; il avaient avec eux au plus cent lances et trois cents archers.

Monstrelet nous apprend que ce baron était le baron d'Acques , lequel depuis se rendit Français.

On ne trouve aucun détail sur ce siége dans la *Notice historique sur La Réole* , par M. M. Dupin (1839. 8°). Le château de La Réole avait été bâti par Henry II , en 1186 ; en 1327, les Anglais le prirent ; en 1373 , le duc d'Anjou et Duguesclin s'en emparèrent en trois jours ; les Bordelais s'en rendirent de nouveau maîtres en 1420.

Disons maintenant quelque chose de la négociation relative à l'objet de la mission de Beckington. A la fin de 1441, le comte d'Armagnac , Jean III , avait proposé à Henry VI la main d'une de ses trois filles, n'importe laquelle. C'était une race singulière que celle de ces Armagnacs; battans , battus , toujours en armes, menant les Gascons partout et jusqu'en Italie , vivant constamment excommuniés et en vrais fils du diable , ils surent long-temps échapper au danger d'être broyés entre les deux colosses qui pesaient sur eux. Les rois de France les avaient comblés de faveurs, les avaient faits généraux , connétables; mais les désastres de la monarchie les avaient poussés dans les bras de l'Angleterre. En 1441 , l'étoile de la France reprenait l'ascendant; le comte cherchait l'appui d'Henry VI; mais , en 1442, il lui fallait reculer devant son ouvrage.

Sa position était des plus délicates ; il devait ménager le roi d'Angleterre , qui possédait encore une bonne partie de la France , que la fortune pouvait de nouveau protéger, et qui offrait un trône à sa fille : il ne fallait pas se brouiller avec le roi de France , qui se trouvait à la tête d'une armée imposante et victorieuse sur les bords de la Garonne , et qui comptait parmi les officiers sous ses ordres le vicomte de Lomagne (fils aîné du comte.) Jean III confia cette négociation scabreuse à Jean de Batute , son chancelier, chanoine et archidiacre de Rhodez, homme intelligent et délié. Un passage des *Fœdera* (XI. 6) nous montre qu'en avril 1442 , Batute s'était rendu en Angleterre pour traiter de cette affaire délicate ; il paraît qu'il revint à Bordeaux avec l'ambassadeur anglais ; le 21 juillet, il partit pour Lectoure ; il y était arrivé avant le 29. Le 30 , le comte écrit pour la première fois.

Il adresse sa lettre à Roos ; il est enchanté de l'arrivée de l'ambassadeur , mais diverses circonstances, auxquelles il remédiera le plus tôt possible , empêchent tout–à–fait que le diplomate anglais vienne le trouver pour le moment. Batute écrit en même temps dans le même sens ; il dit qu'il désire , pardessus tout , que les négociateurs puissent venir en sûreté ; il a fait demander pour eux , (*au roi de France*), un sauf-conduit qu'il espère obtenir.

Le 20 août, le comte mande en deux lignes qu'il envoie à Bordeaux Batute , investi de toute sa confiance , et celui-ci écrit à Roos : « Vous êtes

» impatiemment attendu à Lectoure ; mais il est extrêmement douteux que
» le roi de France accorde le sauf-conduit qu'il a bien fallu lui demander ;
» pour moi, je me mettrai en route aussitôt que je serai fixé à cet égard. »

Le 24 août, Roos fait à Batute une réplique énergique. « Depuis que vous
nous avez quittés, les choses ont bien changé, et de différentes façons. Les
trois états de *Guienne* m'ont élu régent, place que j'occuperai jusqu'à ce
que nous sachions le bon plaisir du roi, et je n'épargnerai rien pour défen-
dre ce pays-ci avec toute la vigueur possible. Je pense ensuite que lorsque
le roi apprendra que le vicomte de Lomagne lui a fait et lui fait encore la
guerre, il ne consentira plus à l'affaire que vous savez. Enfin nous savons
qu'il va très prochainement nous arriver des forces considérables, et c'est
vous qu'elles attaqueront d'abord. Votre pays sera saccagé, et considérant
tout ce qui a été fait et dit, vous ne pourrez-vous en prendre qu'à vous-
même. Si nous ne voyons pas chez vous d'autres dispositions, et une autre
conduite, nous ne songerons plus à la chose en vue, car nous savons fort
bien où est la source des maux qui tombent sur les états du roi, et nous ne
voulons pas qu'on nous rende le mal pour le bien. Nous profiterons du premier navire pour retourner auprès du roi, et nous lui ferons savoir comment
vous avez agi vis-à-vis de nous, à moins que nous n'ayions bientôt de votre
part de toutes autres nouvelles. »

La réponse de Batute à cette communication empreinte d'une décision
toute militaire, est datée d'Auch, le 13 septembre, mais elle ne parvint à
Bordeaux que le 10 octobre. La dépêche du diplomate est longue et prolixe ;
il peint combien il a été peiné et surpris, ainsi que le comte, du ton de la
lettre de Roos ; plus que jamais on désire le mariage, et que Dieu maudisse
ceux qui veulent y mettre obstacle ; ce n'est pas le comte qui en a eu le
premier l'idée: il a agi d'après la demande des comtes de Bretagne, d'Alençon et d'Orléans ; les ambassadeurs peuvent se mettre en relations avec ces
seigneurs ; le vicomte de Lomagne n'a pu refuser de servir le roi de France
sans exposer tout le pays au pillage. Batute finit en priant les ambassadeurs
de ne pas prêter l'oreille aux malignes et calomnieuses insinuations des ennemis des Armagnacs, et il garantit que l'affaire ira bien, s'il y a bonne et
ranche volonté de la part de l'Angleterre.

Ce qui démontre que, pendant ce temps, le comte, redoutant pardessus
tout Charles VII, jouait les Anglais, c'est que le vicomte de Lomagne et sa
mère s'efforçaient d'amener Tonneins et autres villes à capituler, promettant,
au nom du roi de France, vie et bagues sauves à qui se soumettrait.

Le 12, sans perdre un instant, les ambassadeurs répondent à la lettre de
Batute. Cette dépêche, signée de Buckington et de Roos, est assurément
'œuvre du prélat et non celle du général. Elle est longue, entortillée : les
gens d'Henry VI n'ont ni le droit, ni l'envie de discuter l'origine de la négociation ; l'accueil distingué fait à Batute en Angleterre lui a prouvé combien on avait à cœur qu'elle réussît ; les ambassadeurs étaient charmés des
bonnes dispositions du comte, mais ils se plaignaient de ces retards éter-
nels qui leur faisaient perdre beaucoup de temps et d'argent ; d'ailleurs, ils
ne cédaient à aucune influence étrangère et ne demandaient rien, si ce n'est
que le Comte tint de bonne foi ce qu'il avait promis.

Nota. J'omettais d'indiquer un acte (*Fœdera*, XI. 6) qui donne les noms
de 19 seigneurs ou docteurs qui, avec une suite de 50 personnes, accompa-
gnèrent Batute en Angleterre en 1442.

Deux jours après, Roos et Beckington écrivent de nouveau à Batute ·
« Puisqu'il ne nous paraît pas possible de trouver une voie sûre pour vous
rejoindre, faites finir les trois portraits et envoyez-nous les aussitôt qu'il y
aura moyen. Venez ici ou à tout autre endroit sûr, vous ou un autre agent,
investi de la confiance du comte et muni de ses pleins pouvoirs. Il faut se

mettre d'accord sur le douaire, sur les effets, ornemens , etc., qu'aura la fille de votre maître, sur le cérémonial avec lequel elle sera reçue , sur la façon dont elle passera en Angleterre. »

Sur ces entrefaites, Hull arriva d'Angleterre, emmenant avec lui un peintre du nom de Hans. Le 3 novembre, Roos écrit au comte pour lui recommander cet artiste; il le pria de le renvoyer le plus tôt possible; il y a dé~ si long-temps que les ambassadeurs sont à Bordeaux dans l'attente, sans avoir eu aucune communication à transmettre à leur maître. Roos , Beckington et Hull écrivent en même temps conjointement à Batute dans le même but ; ils lui proposent de venir conférer avec eux à Montségur qui n'est qu'à trois lieues de Marmande. Ils qualifient l'artiste de *scientificum operatorem in pictura ; virum in hoc genere satis instructum* , et il paraît qu'il emporta cette lettre cachées dans un bâton creusé sans doute , dans une houlette , du moins ce semble résulter du passage suivant fort obcur (ainsi que l'est d'ailleurs la majeure partie du journal que nous reproduisons) : *Hans le sveror' lator l'rar' Baculo pastorali.*

Le surlendemain, 5 novembre, on reçoit un duplicata de la dépêche de Batute, du 15 septembre , avec une apostille où il demande une réponse. Il dit que sa lettre, après être arrivée à moitié chemin , lui a été rapportée. Les communications étaient en effet longues et périlleuses , l'armée française coupait les communications entre Bordeaux et Lectoure , et les Armagnacs cherchaient aussi sans doute à gagner du temps.

Le 19 novembre , d'autres lettres , datées du 7 , arrivent à Bordeaux ; Batute réitère ses protestations d'amitié ; il répète combien il sera charmé de pouvoir se mettre d'accord avec les ambassadeurs anglais; il espère que bientôt les routes seront assez sûres pour qu'on puisse se rejoindre ; il ajoute que si l'Angleterre désire que le comte se pose comme médiateur pour négocier avec la France la paix ou une trève , il le fera avec plaisir.

Le 22 novembre, Batute écrit derechef ; mais il faut vingt-quatre jours à sa lettre pour arriver à Bordeaux. Il annonce que le peintre travaille sans relâche aux trois portraits ; quant à aller s'aboucher avec les diplomates anglais , le comte pense que c'est inutile , puisque , dans sa dernière lettre , il a offert sa médiation pour faire cesser la guerre , ce qui permettrait aux ambassadeurs de se rendre sans malencontre à Lectoure.

Le 22 décembre, les ambassadeurs répliquent ; ils demandent que le peintre revienne le plus tôt possible. « Considérant l'état des choses, ajoutent-ils, nous n'avons d'autre espoir que celui d'aller chercher certain remède contre le mal qui empêche la conclusion de l'affaire » ; ce qui signifie qu'ils vont retourner en Angleterre pour presser le départ des troupes. Ils ne pensent pas qu'il soit nécessaire que le comte s'ingère à faire conclure une trève ; (l'hiver avait suspendu les opérations militaires ; et l'on savait que des renforts étaient en route ; aussi , les ambassadeurs montraient-ils moins d'inquiétude qu'il y a quelques mois , lorsque Bordeaux était au moment de tomber au pouvoir des Français.)

Le 30 décembre , ils écrivent à Batute qu'ils se préparent à partir , mais qu'ils reviendront bientôt avec un remède qui accélérera la chose ; ils recommandent au diplomate gascon constance et patience.

Notons ici que le comte d'Armagnac n'écrit jamais qu'à Roos ; cela tient sans doute à une question d'étiquette. Les lettres de Jean III sont en français : elles sont très-laconiques et pourraient se réduire à ce qu'il n'a rien à dire et que son chancelier leur dira le reste. Les ambassadeurs écrivent tantôt en latin, tantôt en français. Batute , après avoir écrit d'abord en une sorte de patois gallo-latin , finit par s'en tenir à cette dernière langue et ajoute qu'il ne connaît pas le français, ce qui est un peu singulier.

Beckington partit le 10 janvier ; Roos resta à Bordeaux et ne s'embarqua de son côté qu'après le 14, jour auquel arrivèrent des dépêches datées du 3. Nouvelles protestations, nouvelles phrases vagues de la part de Batute ; le comte aurait bien voulu arriver à voir conclure une trève , mais des deux parts on a contrarié ses desseins ; il écrira plus en détail en renvoyant le peintre.

On ignore si le comte écrivit en effet , mais il est certain que la négociation resta sans objet. Le 9 mars 1443, il signa un traité avec le roi de France, mais bientôt il se brouilla de rechef avec lui. Le dauphin prit alors possession de ses petits états et le fit prisonnier. On instruisit contre le comte un procès en règle ; les vaincus sont toujours d'affreux criminels : on imputait à Jean III « le crime de fausse monnaie ; » il persistait , malgré les défenses du roi, à se dire comte *par la grace de Dieu ;* il avait fait pendre à Nismes un huissier au « parlement de Tholose, nommé Noël, qui venoit exécu- » ter contre lui ; il avait détroussé les gens de l'évêque de Lodève ; *il bat- » toit son confesseur quand celui-ci ne vouloit l'absoudre ;* il tenait frontière » pire au peuple que les Anglais, et prenait vivres, blé, moutons, bœufs, » vaches, mulets, pourceaux ; ses gens avaient fait violence à diverses filles, etc. » (Voyez l'*Art de vérifier les dates,* 1784, II. 276.)

Charles VII ne voulut cependant pas écraser un prince qui était son parent ; il lui rendit, au mois d'août 1445, ses états (amoindris de quelques villes) et sa liberté. Jean III mourut vers 1450 ; sa famille fut accablée de malheurs et se conduisit remarquablement mal. Son fils aîné, le vicomte de Lomagne, s'était enfui en Espagne durant que son père était captif ; il lui succéda et se mit en tête l'idée assez singulière d'épouser sa propre sœur Isabelle ; il demande *ad hoc* une dispense au pape ; Sa Sainteté excomunie le pétitionnaire ; Jean IV envoie de l'or à Antoine de Cambray, référendaire à la cour de Rome, et, de concert avec lui, fabrique une fausse bulle qui donne la permission qu'on lui refusait. Le roi de France, fort scandalisé et ayant d'ailleurs mené à bien l'expulsion des Anglais de toute la Guienne, envoie le comte de Dammartin se saisir de l'Armagnac. Jean commence par se sauver en Aragon, mais en 1457, il se présente devant le parlement de Paris qui lui faisait son procès. Il arrive muni de lettres du roi ; elles étaient encore fausses : la cour reconnaît la fraude , le comte est mis au cachot ; on le relache cependant sur parole ; il se sauve en Franche-Comté ; le 13 mai 1460, arrêt qui confisque ses domaines ; Louis XI les lui rendit en 1461, mais le comte ayant encore commis la faute de se brouiller avec son redoutable voisin, vit ses états envahis ; bloqué dans sa capitale, il signa, le jeudi, 4 mars, une capitulation qui fut perfidement violée ; le vendredi, 5 , Lectoure fut saccagé , et Jean IV expira sous le fer de quelques soldats. Son frère Charles, vicomte de Fézensac, obtint une portion de l'Armagnac, mais il devint fou et mourut en 1497.

Quant aux trois filles de Jean III , entre lesquelles le roi d'Angleterre avait à choisir , Isabelle échappa au désastre de Lectoure, sans qu'on sache ce qu'elle devint depuis ; Marie, l'aînée, épousa, en 1451, le duc d'Alençon, et Éléonore fut unie, en 1446, au prince d'Orange.

Pendant que Beckington était à Bordeaux, Henry VI négociait avec la France ; le 9 septembre 1442, il avait nommé des ambassadeurs chargés de conclure la paix (*Fœdera,* XI, 14) ; au mois de février 1443 , il envoya une autre légation ; ayant de suite et sans doute , sur le rapport de Beckington, renoncé à s'allier aux Armagnacs, le monarque anglais faisait demander Marguerite, fille du roi René et nièce de la reine de France. Ce mariage fut célébré au mois d'avril 1445.

Les dissensions qu'enfanta l'ambition des Glocester, des Suffolk, des Warwick, mirent bientôt l'Angleterre en feu ; l'on négligea la Guienne, et elle fut conquise par les Français. Elle aurait dû , dès 1442, être arrachée à l'étranger, car l'armée de Charles VII comptait , suivant Monstrelet, 80,000 chevaux. On voulait, une fois pour toutes, chasser ces insulaires, orgueilleusement taciturnes , qui ruminaient toujours en eux-mêmes leur bataille d'Agincourt, se soulaient des vins et des fruits du Midi, et mouraient d'indigestion en se disant empoisonnés. Les va-nu-pieds des communes d'Angleterre, les montagnards de Galles , les porchers d'Irlande avaient cru démolir la chevalerie française : elle leur montra qu'elle savait encore assez bien se battre.

L'on perdit quatre mois à assiéger des bicoques; l'hiver fut rude ; le pays dévasté ne pouvait entretenir des forces aussi nombreuses ; les troupes se débandèrent , et, en 1443, le théâtre de la guerre fut transporté en Normandie. Deux champions, dignes l'un de l'autre, Dunois et Talbot, se mesurèrent au siège de Dieppe.

Avant de finir, qu'on nous permette quelques courtes observations.

Nous signalerons d'abord les données que l'on pourrait tirer de notre journal sur l'esprit et la forme du gouvernement de Bordeaux, lors des derniers momens de la domination anglaise, sujet peu connu et obscur, sur lequel il y a beaucoup à faire, après le Mémoire de l'abbé Baurin sur cette question. (*Bulletin polymathique*, cahier de novembre 1812.) Les diverses attributions du maire, du sénéchal , des jurats, des trente et trois cents conseillers qui formaient le conseil extraordinaire de la ville, du régent, qui était élu par les trois états , sauf la sanction royale , du connétable, etc., tout cela est loin d'avoir été suffisamment éclairci.

On a vu que les capitaines des navires réunis à Crowdon avaient élu un amiral ; c'était alors l'usage pour les bâtimens marchands de se réunir pour se protéger mutuellement, et l'on nommait pour diriger le convoi un capitaine auquel on jurait obéissance. Dans les *Rôles du parlement*, tome IV, pages 85-86, on trouve un curieux document à cet égard. En 1415, le navire de Hull, le *Christophe*, fut à Bordeaux à l'époque de Pâques ; il prit 260 *tonelx de vyn et autres merchandises;* par élection de tous marchands , maîtres et mariniers d'Angleterre présens, le *Christophe* fut élu *un des amiralz de tout la flete*, et lesdits marchands, maîtres et mariniers *furent jurez*, en présence du connétable de Bordeaux, *selonc l'ancien custume de tout temps là usée, que null departeroit de lour admiralx tenque à lour rivall en Engleterre.* On part , on rencontre des navires français; le *Christophe* est abandonné de ses compagnons ; il se défend vainement , il cède au nombre, il est pris. Requête des propriétaires à Henry V; ils demandent que les propriétaires des navires qui ont lâchement déserté leur poste au moment du danger, soient obligés à leur tenir compte de la valeur du navire et de sa cargaison ; leur conduite est une tache pour l'honneur national ; ils se sont sauvés *à la velany à tout la naveye d'Engleterre.* Réponse du roi qui ordonne au chancelier d'instruire l'affaire, avec pouvoir de faire mettre en prison ceux qui ont abandonné le *Christophe* , et d'exiger de qui de droit de justes indemnités.

Ajoutons qu'on trouve, dans le même recueil (tome III , page 283), une pétition remarquable, datée de 1390, et faite par les armateurs anglais ; elle nous apprend que , durant le 14.º siècle, les marins avaient coutume de prendre, *par lour travaill en niefs, par passer hors d'Angleterre vers Bordeaux , et pour retourner, vept soldz et le fraght d'un tonnell , et meistre Shipman sesze souldz et fraght de deux tonelx a plus.* (Huit sous, et le fret d'un tonneau pour un matelot, le double au capitaine). Les marins s'entendirent ensuite et exigèrent des salaires excessifs ; les capitaines ne voulaient pas s'embarquer à moins de trois tonneaux de fret et vingt-quatre sous ; plusieurs allaient jusqu'à demander cent sous. Les propriétaires de navires demandèrent qu'on défendît ces coalitions funestes *à la navie d'En-*

gleterre , et qu'on autorisât les *mairs et bailiffs* des ports de mer à châtier les délinquans, sur la requête de celui qui aura à se plaindre d'eux (*al suite de chescuny qe soy sentra greve.*) La réponse de Richard II ne sanctionne pas d'aussi arbitraires mesures ; elle est sage , mais elle ne tranche rien et laisse la difficulté sans solution : « Le Roi voet charger ses admiralx d'ordeigner que les mariners preignent resonablement por lour service et travaill , et de les punir s'ils faunt à l'encontre. »

Nous ne pouvons ici nous arrêter à discuter la question du taux du salaire habituel que recevaient les gens de mer au moyen-âge. Nous signalerons seulement une pièce du 8 octobre 1363, qui montre qu'alors , sur des navires armés en Normandie , chaque nageur (matelot ramant) recevait cinq sols par jour, et chaque arbalétrier 8 sols. (Voir Jal , *Archéologie navale* , II , 177.). Dans les provinces de l'intérieur , à la même époque , la journée d'un ouvrier était bien moins chère. Un document , publié par M. Champollion-Figeac, démontre que les maçons employés à la construction du clocher de Martel *(Lot)* recevaient un denier de paie quotidienne, et lors d'un dîner que les consuls de cette petite ville offrirent , en 1375 , à un capitaine anglais, on servit un magnifique saumon qui avait coûté deux sous , et on paya *quatre sous* pour une barrique de vin.

Nous ajouterons que , selon un compte de 1301 , dont M. Berger de Xivrey a entretenu les lecteurs de la *Revue Française* (1.er décembre 1838, X, 100) quatre brochets coûtaient alors à Poitiers deux sous ; un lapin se payait dix deniers, une longe de cochon deux sous, une truite douze deniers ; les frais de la table d'une abbesse *montèrent* pendant trois semaines à 101 sous quatre deniers , et elle avait donné plus d'une fois à dîner à des convives de distinction.

A diverses reprises, dans le cours de ce travail , nous avons cité la collection connue sous le nom de *Fœdera*, recueillie par Rymer, et où il se trouve tant de pièces du plus haut intérêt pour l'histoire de la Guienne. Nous pensons rendre service à tous ceux qui voudront sérieusement s'occuper de l'étude de nos annales, en insérant ici une note bibliographique au sujet de cet inappréciable ouvrage.

La première édition , en 20 vol. f.°, parut à Londres en 1704-35 ; elle est rare, n'ayant été tirée qu'à 200 exemplaires ; il y eut en 1727-35 une réimpression faite à Londres ; en 1745, l'ouvrage fut pour la troisième fois mis sous presse ; cette édition, faite à La Haye, en caractères serrés et nets , forme 10 vol. in-folio ; le dernier renferme un index très-étendu et une analyse raisonnée de l'ensemble , analyse commencée par J. Leclerc , continuée par Rapin de Thoyras , terminée par un anonyme. Les tables des deux éditions anglaises sont incomplètes, insuffisantes, et si mal rédigées, qu'elles ne facilitent presque en rien les recherches. L'édition de 1745 renferme 107 lettres, jusqu'alors inédites , de la reine Marie , écrites de 1334 à 1338. On peut lui reprocher la division arbitraire de chaque volume en 4 parties chacun , paginées à part , et l'inexactitude de ses tables.

En 1816, on entreprit à Londres une quatrième édition des *Fœdera* ; il en parut successivement 6 parties , formant 3 volumes in-folio (le t. I. va de 1066 à 1307 ; le t. II, de 1307 à 1344 ; le t. III, de 1344 à 1377) ; cette édition, exécutée avec un grand luxe typographique, et qui a coûté énormément cher au gouvernement anglais , a été l'objet de vives critiques ; depuis 1830 elle avait paru abandonnée ; il semble qu'on songe de nouveau à la reprendre ; on a reproché aux éditeurs de 1816 une incurie déplorable ; ils n'ont pas même pris la peine de mettre à leur rang les pièces que Rymer avait, en forme de supplément , réunies à la fin de son premier et de son deuxième volume. Ils n'ont pas fait connaître un seul titre nouveau ; les *Fœdera* pourraient cependant recevoir d'immenses et de bien importantes additions. Il n'ont donné que 9 pièces de l'an 1204 ; les recherches personnelles d'un savant anglais en ont fait connaître 59. Il y a au Musée britannique (Cat. supplém. n.° 4573-4636), 87 volumes de copies de chartes et pièces réunies par Rymer, pour une nouvelle édition qu'il projettait. Cette mine, restée intacte, contient assurément de précieux renseignemens relatifs à la Guienne. Nous l'avons déjà dit: les matériaux d'une bonne histoire de nos provinces, depuis 1150 jusqu'à 1452, se trouvent à Londres, encore plus qu'à Paris.

Bordeaux. — Imprimerie de P. Coudert, rue Porte-Dijeaux, 83.

www.ingramcontent.com/pod-product-compliance
Lightning Source LLC
Chambersburg PA
CBHW061638050726
47595CB00007B/3247